AF227002

RÉSUMÉ DES OPÉRATIONS

DE

L'ARTILLERIE ALLEMANDE

PENDANT

LE SIÈGE DE MÉZIÈRES

EN 1870

Par H. ROSWAG

CAPITAINE D'ARTILLERIE

EXTRAIT DE LA *REVUE D'ARTILLERIE*

PARIS

BERGER-LEVRAULT & Cie, LIBRAIRES-ÉDITEURS

5, RUE DES BEAUX-ARTS

MÊME MAISON A NANCY

—

1880

RÉSUMÉ DES OPÉRATIONS

DE

L'ARTILLERIE ALLEMANDE

PENDANT

LE SIÈGE DE MÉZIÈRES

EN 1870

Par H. ROSWAG

CAPITAINE D'ARTILLERIE

EXTRAIT DE LA *REVUE D'ARTILLERIE*

PARIS

BERGER-LEVRAULT & Cie, LIBRAIRES-ÉDITEURS

5, RUE DES BEAUX-ARTS

MÊME MAISON A NANCY

1880

DE L'ARTILLERIE ALLEMANDE

PENDANT LE SIÈGE DE MÉZIÈRES

en 1870

(D'après l'ouvrage : *Geschichte der Beobachtung, Einschliessung, Belagerung und Beschiessung von Mézières im deutsch-französischen Kriege 1870-1871,* von SPOHR, Oberst-Lieutenant und Commandeur des Fuss-Artillerie-Regiments Nº 15.—Berlin, 1879, Vossische Buchhandlung.)

RÉSUMÉ DES OPÉRATIONS.

(PL. I.)

Description sommaire de la place de Mézières. — La place de Mézières est située sur la rive droite de la Meuse, qui l'entoure au sud, à l'ouest et au nord, formant ainsi une presqu'île dont l'entrée, à l'est, est fermée par le mont Berthaucourt, au pied duquel se termine la citadelle. Au sud et au nord se trouvent, sur la rive gauche du fleuve, les deux faubourgs de Pierre et d'Arches, fortifiés chacun par une tête de pont. Du faubourg d'Arches, une route rectiligne conduit, par un pont long de 160 mètres, à Charleville, distant seulement de 800 mètres. La fortification de Mézières comprend quatre parties principales bien distinctes : l'enceinte de la ville, la citadelle, la tête de pont du sud ou couronne de Champagne, la tête de pont du nord ou ouvrage à cornes d'Arches. L'enceinte de la ville a été formée en utilisant un ancien mur protégé par un fossé plein d'eau et flanqué par des tours saillantes, dont les plus considérables sont les tours 52 et 63. A l'ouest et au nord-ouest, la fortification est protégée par l'ouvrage à cornes de Saint-Julien et par quelques ravelins. La cita-

  1

delle est séparée de la ville par un canal et entourée d'eau de toutes parts. Elle affecte la forme générale d'un quadrilatère à six bastions. Les fronts situés du côté de la ville ont des flancs casematés et sont importants par le grand nombre d'abris qu'ils renferment ; les fronts opposés ont des cavaliers, des flancs casematés, et sont précédés d'une demi-lune et d'une lunette avancée. En outre, il existait en 1870 un ouvrage en terre sur le mont Berthaucourt, à 800 mètres de cette lunette. La citadelle renferme plusieurs magasins à poudre, une caserne, un magasin à vivres et un arsenal, tous à l'épreuve de la bombe. Les têtes de pont ont des formes régulières ; la couronne de Champagne est beaucoup plus vaste que l'ouvrage à cornes d'Arches ; l'une et l'autre n'ont que de faibles dehors.

L'importance de Mézières se fit sentir en 1870, surtout au point de vue du ravitaillement de l'armée allemande qui opérait devant Paris. De grands convois de vivres arrivaient de Belgique à Sedan, d'où il fallait les transporter à Boulzicourt par route ordinaire sur un parcours de 18 kilomètres, parce qu'on ne pouvait utiliser cette partie de la voie ferrée de Sedan à Reims, qui passait sous le canon de la place. En outre, Mézières pouvait servir de point d'appui à une entreprise offensive tentée par des troupes rassemblées dans les places du nord contre les lignes d'étapes de l'armée de la Meuse. Après la chute de Soissons, les Allemands avaient déjà résolu d'en faire le siège, mais des circonstances étrangères ajournèrent cette opération.

La place était garantie contre une surprise ou une attaque de vive force, mais non pas contre un bombardement, car elle était entourée et dominée presque de tous côtés par des hauteurs peu éloignées.

Sa garnison s'élevait à 4 000 hommes environ, dont les deux tiers se composaient de gardes nationaux, francs-tireurs et jeunes conscrits. 3 000 hommes, parmi lesquels toutes les troupes de ligne, étaient à Mézières même ; le reste à Charleville. Le terrain extérieur fut occupé autant que le permettaient ces faibles ressources, particulièrement les villages de Saint-Mont-la-Villette, Bel-Air, Le Theux, Mohon, les maisons situées dans le voisinage de la tête de pont de Champagne, et le mont Olympe.

Investissement. — Après la bataille de Sedan, le général Von der Tann, qui était resté dans cette ville pour organiser les transports de prisonniers, conclut avec le commandant de Mézières un armistice qui dura jusqu'au 20 octobre, et pendant lequel la place devait livrer des vivres, des objets de pansement et des médicaments pour les blessés français. Lorsque, le 11 septembre, le général bavarois se mit en marche sur Reims avec ses troupes, il laissa un bataillon et un demi-escadron à Boulzicourt, pour observer Mézières. Ils furent relevés, à partir du 25, par le détachement du colonel de Ketteler (de la division de Selckow) composé de 9 bataillons de landwehr, 5 escadrons, 2 batteries et 2 compagnies de pionniers, qui occupa une ligne allant de Warnécourt à La Francheville et aux Ayvelles. Ces troupes eurent à lutter journellement contre les francs-tireurs qui tenaient le pays au nord de Mézières. Le détachement ayant été ensuite réduit de près de moitié par des départs successifs, ne put entreprendre rien de sérieux contre la place, il dut même abandonner Warnécourt, et se borner à conserver la ligne de La Francheville aux Ayvelles.

Le 8 novembre, la première armée, chargée déjà des sièges de Thionville et de Montmédy, reçut l'ordre d'entreprendre aussi celui de Mézières, et la première division d'infanterie, qui était en marche de Metz à Réthel, se rendit à Boulzicourt, où elle releva le détachement de Ketteler. Arrivée le 11 novembre devant la place, elle s'occupa de l'investir, eut à repousser plusieurs sorties de la garnison et à combattre les francs-tireurs. La place fut bloquée sur les trois quarts de son pourtour, mais il resta libre une étendue de 6 kilomètres environ, au nord, dont les francs-tireurs empêchaient l'occupation. La division n'avait pas encore réussi à combler ce vide, quand elle fut mise en mouvement sur Amiens et remplacée, le 23 novembre, par la 3ᵉ division de réserve. Se conformant à des ordres reçus, celle-ci se borna à occuper le terrain situé au sud de Mézières, et surtout à disperser les troupes de francs-tireurs qui reparaissaient avec plus d'audace que jamais au nord et à l'ouest de la place, et contre lesquelles on entreprit de fréquentes expéditions. Mais, à partir du 29 novembre, l'effectif du corps d'investissement diminua par le départ d'un bataillon envoyé à La Fère, d'un autre bataillon et d'une batterie qui furent dirigés du côté de Soissons. Enfin, le 19 décembre, la division elle-même partit dans la direction d'Amiens et fut remplacée le même jour par la 14ᵉ division d'infanterie, qui venait de terminer le siège de Montmédy, et à laquelle il était réservé d'exécuter l'attaque de Mézières.

La 14ᵉ division comprenait 12 bataillons, 4 escadrons, 6 batteries, 2 compagnies de pionniers de campagne et une compagnie de pionniers de forteresse laissée devant Mézières, avec un équipage de pont, par la 3ᵉ division de réserve. Elle était, en outre, accompagnée de trois compagnies de pionniers de forteresse qui avaient pris part au siège de Montmédy. Le général de Kameke, qui fut remplacé le 24 décembre par le général de Woyna, fit entourer la place complétement ; les avant-postes s'étendaient de Villers-devant-Mézières, à Warcq, Bel-Air, jusqu'au nord-ouest d'Aiglemont, pour se diriger ensuite vers Roméry.

Les positions désignées à l'est et au sud de la place furent occupées sans difficulté le 19 et le 20 décembre ; mais au nord, il fallut commencer par éloigner les francs-tireurs qui occupaient Harcy et le bois de la Havetière.

Attaqués le 22, à Rimogne et dans la forêt de Harcy, ils firent une résistance énergique et ne cédèrent le terrain qu'après un combat de plusieurs heures. Le 25, on put achever l'investissement au nord et prolonger la ligne des

avant-postes jusqu'à la Meuse, après avoir chassé les défenseurs de Bel-Air et de Saint-Mont-la-Villette.

Choix du plan d'attaque. — Des reconnaissances avaient
été entreprises autour de la place, déjà pendant son blocus
par la 3ᵉ division de réserve. On était décidé à choisir le
point d'attaque de façon que les premières batteries pussent
servir d'abord à un bombardement général de la ville, puis
de base aux premières opérations du siège régulier dans le
cas où le bombardement n'amènerait pas la capitulation.
L'attaque contre les fronts du sud était celle qui offrait le
plus d'avantage à l'assiégeant au point de vue de la sécu-
rité contre les francs-tireurs, du transport aux batteries du
matériel de siège arrivant par la ligne de Reims à Réthel,
et de la faiblesse relative de la fortification. La couronne
de Champagne manquait d'ouvrages avancés, n'avait qu'un
fossé sec, et ses escarpes étaient vues jusqu'à 2 mètres au-
dessous de la magistrale, des hauteurs de Warnécourt,
Évigny et les Ayvelles, situées à une distance moyenne de
2 000 pas. Ces positions permettaient en outre de bombar-
der directement, des premières batteries, tous les ouvrages
de la forteresse et tous les quartiers de la ville. La principale difficulté de cette attaque consistait dans le franchis-
sement de la Meuse ; mais, en combinant avec elle une
attaque secondaire de l'est, ou, tout au moins, l'établissement
de fortes batteries d'enfilade et à ricochet contre la citadelle
et le front sud de l'enceinte de la ville, il était probable que
ce passage se ferait facilement après la prise de la tête de
pont de Champagne.

L'aile droite, ou attaque de la rive droite de la Meuse,
devait comprendre 3 batteries de siège armées de 8 canons
de 15ᶜ et 4 canons de 12ᶜ, et une batterie de canons de
campagne destinée à s'opposer à des sorties. Le centre, au
sud de la place, comprenait neuf batteries de siège, avec
un armement total de 22 canons de 15ᶜ, 20 canons de 12ᶜ
et 4 mortiers de 21ᶜ, et deux batteries de canons de campagne placées au sud de Villers-devant-Mézières, qui de-

vaient seconder les batteries de l'attaque principale, balayer le terrain compris entre la ville et les hauteurs de La Francheville, et battre la vallée de la Meuse, ainsi que les chemins de Mohon et du Theux, s'opposant ainsi à toute tentative de la garnison vers l'est ou vers le sud. L'aile gauche, enfin, était formée de deux batteries de siège, armées de 6 canons de 15^c et 6 canons de 12^c, pour prendre d'enfilade l'ouvrage à cornes de Saint-Julien et la couronne de Champagne, et deux batteries de canons de campagne pour s'opposer à des entreprises venant de Charleville.

Le grand parc devait être installé dans la poudrerie de Saint-Ponce, vis-à-vis du centre de l'attaque. Il ne se trouvait qu'à une distance de 3 500 mètres de la place, mais il était caché par les hauteurs de La Francheville, et très-bien relié à la gare de Boulzicourt par la voie ferrée et une bonne route. En raison des difficultés provenant de la grande étendue de la première position d'artillerie, de la présence de la Meuse qui isolait l'aile droite, et du mauvais état des chemins, on décida la création d'un parc secondaire à Lumes, pour l'attaque de la rive droite, et d'une annexe du grand parc à Warnécourt, pour le service des batteries de l'aile gauche. Toutefois, l'installation de cette annexe n'était pas encore terminée quand la place capitula.

Personnel et matériel d'artillerie. — L'artillerie de siège comprenait 18 compagnies d'artillerie de forteresse : 11 venant de Montmédy, 5 de Verdun et 2 de Commercy ; ces dernières avaient été laissées à Commercy avec une fraction du parc de siège destiné au deuxième bombardement de Verdun, qui n'était pas arrivée jusque devant çette place, la capitulation étant survenue pendant son transport. Une compagnie fut attachée au grand parc, une seconde à l'annexe de Warnécourt ; les seize autres furent réparties en cinq divisions d'artillerie de siège, à chacune desquelles on attribua la construction et le service d'un groupe déterminé de batteries. Le commandant de l'artilleire de siège disposait en outre des batteries de la 14ᵉ division, des attelages de cinq colonnes de munitions, de ceux de l'équipage de pont et de 50 attelages de réquisition. Cinq des batteries divisionnaires furent désignées pour construire et servir les batteries de canons de campagne.

Le matériel comprenait d'abord les pièces qui avaient servi au siège de Montmédy : 8 canons de 15ᶜ longs, 11 canons de 15ᶜ courts, et 4 mortiers rayés de 21ᶜ. On fit venir en outre du parc de Verdun, 14 canons de 15ᶜ longs, 24 canons de 12ᶜ, 7 mortiers français de 22ᶜ et 3 mortiers de 15ᶜ ; et de Commercy, 4 canons de 15ᶜ longs et 8 canons de 12ᶜ. Le parc de siège fut donc formé de 26 canons de 15ᶜ longs, 11 canons de 15ᶜ courts, 32 canons de 12ᶜ, 4 mortiers rayés de 21ᶜ et 10 mortiers français, soit 83 bouches à feu ; mais on n'eut pas l'occasion de se servir des mortiers français. L'approvisionnement en munitions ne fut pas déterminé ; on prit les munitions qu'on trouva à Montmédy, Verdun et Commercy. Au début du siège, le parc possédait 24 026 obus et 2 868 shrapnels de 15ᶜ, 37 805 obus et 3 541 shrapnels de 12ᶜ, 895 obus de 21ᶜ.

Le transport du matériel de Verdun put se faire en chemin de fer, en partant de la gare de Clermont-en-Argonne, après avoir réparé les communications ferrées par Sainte-Menehould-Suippes, Saint-Hilaire-Mourmelon et Reims-Réthel-Boulzicourt. Le transport de Verdun à Clermont se fit par les routes ordinaires, à l'aide des attelages de deux colonnes de munitions, et d'un nombre considérable de chevaux de trait et de voitures (1 400 chevaux et quelques centaines de voitures) réquisitionnés dans les départements de la Meuse, des Vosges et de la Meurthe. Le transport de Clermont à Boulzicourt rencontra de sérieuses difficultés, parce qu'on ne disposait en tout que de deux locomotives assez faibles ; l'opération dura du 19 au 29 décembre. Quant au matériel de Montmédy, on le conduisit d'abord à

NUMÉROS des batteries.	ARMEMENT — Nombre de pièces.	calibre.	EMPLACEMENTS.	OBJECTIFS.	DISTANCES.
				I. Batteries de siège.	mètres.
1	4	12c	Au sud-ouest de Saint-Laurent	Enfiler le front sud de la tête de pont de Champagne.	3 300 à 3 800
2	4	15c c.	A 400 mètres au sud de la batterie 1	Battre la citadelle.	3 600
3	4	15c c.	A 150 mètres au sud de la batterie 2	Battre la citadelle et la ville.	2 000 à 2 300
4	4	21c	A l'est de la route de La Francheville	Battre la citadelle et la ville.	2 000 à 2 300
5	4	12c	Au nord de La Francheville	Battre la face gauche et enfiler la face droite du ravelin 46.	2 200
6	2 / 2	15c c. / 15c l.	Au nord-ouest de La Francheville	Enfiler le front est de la citadelle.	2 500 à 2 700
7	6	12c		Battre la face gauche du bastion 42.	2 000
8	6	15c l.	Au nord-ouest de La Francheville	Battre la tête de pont de Champagne	2 300 à 2 500
9	4	15c l.		Battre l'intérieur de la ville et Charleville.	2 700 et 4 200
10	4	12c	Au nord-ouest de La Francheville	Battre la face droite du ravelin 45	1 900
				Battre la ville et la citadelle.	2 400 et 2 700
11	6	12c	Au nord-est de la Folie-Macé.	Battre la courtine 41-42 et le faubourg de Pierre	2 000
				Battre l'intérieur de la ville.	2 400
12	6	15c l.	A 1 000 mètres au nord de la Folie-Macé	Battre la face droite du bastion 42 et le faubourg de Pierre.	2 000
				Battre l'intérieur de la ville	2 400
13	6	12c	Au nord de la route de Warnécourt.	Enfiler le front de Saint-Julien	3 500
14	6	15c l.	Sur le chemin de Fagnon à Warcq	Enfiler le front sud de Mézières.	3 100 à 3 900
				Battre la tête de pont de Champagne	3 600
				II. Batteries de campagne.	
1	6	8c	Au sud du chemin de Saint-Laurent	Battre la citadelle.	3 600
2	6	8c	Au sud-ouest de Villers	Battre la tête de pont et la citadelle	3 200 et 3 300
3	6	9c	Au sud-ouest de Villers		
4	6	9c	Au sud de Damouzy	Battre Charleville et le mont Berthaucourt.	3 900 et 4 200
5	6	9c	Au sud de Damouzy		

TOTAL : 98 bouches à feu, dont 30 canons de campagne. { 12 de 8c / 18 de 9c } et 68 pièces de siège . . . . { 30 de 12c. / 10 de 15c courts. / 24 de 15c longs. / 4 mortiers de 21c. }

Sedan, puis de là à Boulzicourt ; cette dernière partie du voyage était tout aussi pénible que celui de Clermont, parce qu'on ne possédait qu'une seule locomotive et quelques wagons. De plus, le pont de Donchery étant détruit, on ne put le rétablir qu'imparfaitement, et il était incapable de supporter le poids d'une locomotive ou d'un train, de sorte qu'on fut obligé d'y faire passer les wagons l'un après l'autre. On n'utilisa, du reste, cette voie que pour le matériel et les munitions destinés au parc de Lumes. Ce qui était à destination du grand parc fut transporté par les routes ordinaires, au moyen d'attelages de réquisition.

Emplacement et construction des batteries. — L'attaque comprenait 14 batteries de siège et 5 batteries de canons de campagne ; le tableau de la page précédente fait connaître leurs emplacements et leur armement, ainsi que les objectifs qui leur furent assignés.

La construction des différentes batteries fut entreprise au fur et à mesure de l'arrivée des compagnies d'artillerie désignées pour les servir. Les batteries 8, 9 et 10 furent commencées les premières, le matin du 24 décembre, mais le travail fut découvert par la place dès son début ; 4 officiers et 5 canonniers furent blessés par des obus de la citadelle, et il fallut cesser la construction, qui fut achevée dans les nuits suivantes. Les batteries 11 et 12 furent commencées le 25 ; la première fut faite pendant la nuit, car elle pouvait être vue de l'ouvrage du mont Berthaucourt ; on travailla pendant le jour à la seconde, qui était masquée par un petit bois, mais dont le dégagement du champ de tir ne fut pas difficile. Ces deux batteries ne voyant pas leurs buts directement, on installa des postes d'observation en avant. Les batteries 4, 5, 6, 7, commencées le soir du 26, furent faites pendant la nuit ; on fit des masques en neige en avant des emplacements de travail. Les batteries de la rive droite de la Meuse furent établies de façon à pouvoir soutenir l'attaque dirigée contre la couronne de Champagne et, en cas de besoin, exécuter une attaque directe contre la citadelle. Comme on ne devait chasser les défenseurs de Vivier-Guyon et de la Scierie qu'immédiatement avant le bombardement, on dut construire ces batteries sur le versant sud du plateau allant de Saint-Laurent dans la direction du mont Berthaucourt. La batterie 3 fut commencée le soir du 24, les batteries 1 et 2 le soir du 25 ; leur construction fut dérangée par la fusillade des fermes citées précédemment et quelques obus de la citadelle. Pour la batterie 1, on rencontra le roc, et il fallut la faire en sacs à terre. Enfin, on ne commença que le 29 décembre les batteries 13 et 14 de l'aile gauche, la première sur le plateau de la Hohette, la deuxième derrière la route de Fagnon à Warcq, à l'endroit où le remblai de cette route atteignant $2^m,50$ put être utilisé comme parapet. Leur construction, coïncidant avec les premiers travaux d'installation de l'annexe de Warnécourt, il fallut transporter les matériaux et les outils, directement du grand parc aux emplacements des batteries. Toutes les batteries de siège se trouvaient terminées et armées dans la nuit du 30 au 31 décembre. Les épaulements destinés à abriter les batteries de campagne furent prêts au même moment.

Comme on avait pris la résolution, dès le 24, de ne plus faire pendant le jour les batteries qui pourraient être vues de la place, les défenseurs ne remarquèrent généralement pas leur construction, circonstance qui fut encore favorisée par une forte tombée de neige survenue le 28 décembre. On se conforma au type normal de la batterie enterrée, avec parapet plein, les embrasures n'étant que de simples affouillements de la plongée. L'épaisseur des parapets varia entre 5 et 8 mètres. La plupart des batteries furent pourvues d'un abri entre deux pièces et d'un abri à chaque extrémité ; quelques-unes en eurent moins, selon que le permettait leur position, cachée ou éloignée de la place. On avait installé à chaque extrémité de la batterie 8, un grand abri avec portes et fenêtres, poêle en fonte, etc.

Le froid excessif rendit les transports et les travaux très-pénibles : le sol était durci et il fallut employer beaucoup de travailleurs et des outils très-solides pour le remuer ; les fascinages ne purent se faire qu'en assouplissant les bois au feu ; aussi fut-on très-heureux d'en recevoir en grande quantité de Sedan et de Montmédy ; il fallut aussi installer dans le voisinage de toutes les batteries des locaux de chauffage pour maintenir liquide l'eau de savon nécessaire au lavage des pièces. Enfin, des précautions furent prises pour empêcher les servants de glisser dans les batteries ; ce qui réussit le mieux fut de couvrir les rampes, plates-formes et gradins avec des cendres et du charbon concassé. Les masses de neige étaient rejetées hors des batteries avec des pelles.

Dispositions pour l'ouverture du feu. — Le 30 décembre, les avant-postes furent renforcés et rapprochés de la place ; ils occupèrent Vivier-Guyon et la Scierie ; deux compagnies s'avancèrent de Bel-Air contre Charleville, mais furent repoussées. À midi, le général de Woyna fit sommer le commandant de capituler, sinon il commencerait le siège et le bombardement, déclarant en même temps que Charleville serait traité comme place de guerre si la garnison ne l'évacuait pas. Le commandant répondit par un refus.

Toutes les batteries devaient être prêtes à faire feu le 31 décembre, à sept heures et demie du matin, et le signal donné par la batterie 13. Le nombre des coups à tirer par pièce et par 24 heures fut fixé à 60 pour les canons, 25 pour les mortiers. Pendant le jour, de sept heures et demie du matin à 4 heures et demie du soir, les canons devaient tirer 5 coups par heure, et les mortiers 3 ; pendant la nuit, les canons 1 coup par heure, et les mortiers, 1 coup par deux heures. Dans des cas exceptionnels, par exemple pour combattre des bouches à feu des remparts qui deviendraient inquiétantes, les commandants de batterie étaient autorisés à employer un feu plus rapide. Le tir contre la ville devait se faire avec des obus incendiaires. Les batteries de campagne n'avaient à prendre part au feu que pendant le jour. Enfin, il était prescrit de ne chercher à combattre l'artillerie de la place que dans le cas où elle tirerait sur les batteries, et d'abandonner ce combat, pour incendier la ville, aussitôt que le feu des remparts se tairait ou se ralentirait.

Bombardement. — Le matin du 31 décembre, le ciel était couvert, et il ne fit suffisamment jour pour voir les buts que vers huit heures. C'est à peu près à ce moment que la batterie 13 donna le signal attendu, et le feu commença aussitôt de toutes les batteries de siège et de campagne. On tira d'abord contre les objectifs assignés, afin d'être complétement orienté dans le cas d'un combat d'artillerie. Pendant quelque temps, la place ne répondit pas au feu assiégeant, il se passa une demi-heure jusqu'à ce que les premiers coups arrivassent de l'ouvrage de Saint-Julien et de la tour 52 contre la batterie 13 ; la citadelle et la couronne de Champagne commencèrent le feu un quart d'heure plus tard. A ce moment déjà, beaucoup de batteries avaient entrepris le bombardement de la ville et allumé plusieurs incendies. Les batteries de campagne 4 et 5 tirèrent contre Charleville et les faubourgs d'Arches et de Saint-Julien ; le feu de la place dirigé contre ces batteries ne produisant aucun effet, elles ne discontinuèrent pas le bombardement. Au contraire, toutes les autres durent reprendre plus ou moins le combat d'artillerie, parce que le feu des remparts prit une énergie croissante. La tour 52 et le demi-bastion 59 tiraient contre la batterie 13, et furent combattus par les batteries 10, 12, 13 et 14. Les bouches à feu de la face gauche de la tête de pont se tournèrent contre les batteries de la rive droite de la Meuse ; la batterie 2 fut atteinte à plusieurs reprises ; dans la batterie 3, il y eut un sous-officier grièvement blessé. Elles furent combattues par toutes les batteries de la rive droite et par les batteries 8 et 5 de la rive gauche ; une pièce blindée de la tête de pont fut démontée. Le cavalier 12 et le bastion

13 de la citadelle combattirent principalement les batteries 6 et 7, et de temps en temps les batteries 8, 9, 11 et 12. La face droite du bastion 43 dirigea son feu contre la batterie 5, le cavalier 45 contre la batterie 8, la face gauche du bastion 42 contre les batteries 6 et 7 ; la face droite de ce même bastion, la courtine 41-42 et la face droite du bastion 41 contre les batteries 11 et 12. Mais le tir de ces derniers ouvrages était beaucoup trop allongé ; la plupart des projectiles destinés aux batteries 11 et 12 atteignirent les environs de la Folie-Macé, de sorte que ces batteries ne ripostèrent même pas ; la courtine 41-42 et le bastion 41 ne reçurent donc que le feu d'enfilade des batteries de la rive droite de la Meuse. La batterie 5 et deux pièces de la batterie 8 combattirent la face droite du bastion 43, les deux autres pièces de cette batterie et les batteries 6 et 7 répondirent au feu du bastion 42 et de la citadelle. Mais, conformément aux ordres donnés, on reprenait vite le bombardement quand les ouvrages de la place se taisaient ; les batteries d'attaque étaient si éloignées, que chercher à ruiner systématiquement l'artillerie des remparts eût été un gaspillage de munitions. Il était néanmoins nécessaire de soutenir le combat d'artillerie, d'autant plus que certains ouvrages commençaient à menacer le grand parc, qui reçut un certain nombre de projectiles, provenant des coups trop longs de la citadelle et de la couronne de Champagne contre les batteries 5 et 6. Il fallut évacuer la salle d'artifices, cesser le chargement des obus et le remplissage des gargousses, faire ramener à Boulzicourt des wagons de poudre qu'on n'avait pas encore eu le temps de décharger.

Le combat de quelques batteries dura jusque vers trois heures et demie, moment à partir duquel l'artillerie de la place se tut complétement. Vers quatre heures, la garnison tenta un faible coup de main du côté de Mohon, contre les batteries 5, 6 et 7, mais les tirailleurs furent repoussés par le feu à obus à balles des batteries 5, 7, 8 et 9. La batterie 4 fut aussi fréquemment inquiétée par la fusillade des premières maisons de Mohon, et eut un canonnier grièvement blessé.

A l'arrivée de l'obscurité, toutes les batteries prirent leurs dispositions pour le tir de nuit, et les batteries de campagne retournèrent dans leurs cantonnements ; on renvoya une partie des servants, et les batteries de siège continuèrent le feu, les unes avec toutes leurs pièces, les autres avec deux pièces seulement. Les incendies de Mézières devenaient de plus en plus visibles ; on distinguait aussi plusieurs grands incendies dans le faubourg de Pierre et à Charleville. Au coup de minuit de la nouvelle année, plusieurs batteries firent un feu de salve contre la ville.

Le matin du 1er janvier, on reprit les dispositions de la veille. La place était enveloppée de brouillard et de fumée. A partir de huit heures et demie, les batteries reprirent le feu dans la mesure prescrite pour le jour ; mais quelques-unes, particulièrement les batteries de la rive droite de la Meuse, auxquelles le brouillard et la fumée rendaient l'observation très-difficile, continuèrent le feu lent de la nuit. Les remparts gardaient le silence. Vers onze heures moins un quart, les batteries 6, 8, 9, 10, 11 et 12 reçurent l'ordre de pointer leurs pièces sur Charleville, mais elles n'avaient lancé que quelques obus quand le drapeau blanc apparut sur les tours et les ouvrages de la place. Le feu de toutes les batteries cessa entre onze heures et onze heures et demie.

Capitulation. — Les conditions de la capitulation furent discutées à La Francheville, et ratifiées par le commandant de la place ; elles étaient les mêmes qu'à Sedan. Les Allemands prirent possession le lendemain de la ville et du matériel de guerre qu'elle renfermait, parmi lequel 134 bouches à feu, dont 7 étaient démontées ; leur répartition était la suivante :

CANONS RAYÉS.			CANONS LISSES.			OBUSIERS.		MORTIERS.		
24	12	4	24	16	12	22c	16c	27c	22c	15c
8	23	6	5	16	18	16	15	5	11	11

Munitions consommées par les assiégeants. — Dans les journées du 31 décembre et du 1ᵉʳ janvier, l'artillerie assiégeante avait consommé les munitions suivantes :

Obus de 8ᶜ.	408	
Obus de 9ᶜ.	1 251	
Obus de 12ᶜ	2 333	(dont 592 incendiaires).
Shrapnels de 12ᶜ . .	19	
Obus de 15ᶜ	2 116	(dont 301 incendiaires).
Shrapnels de 15ᶜ . .	22	
Obus de 12ᶜ	170	

soit un total de 6 319 projectiles, dont 893 obus incendiaires et 41 shrapnels.

Pertes en hommes et en matériel. — Les pertes de l'artillerie allemande pendant la construction des batteries et le bombardement s'élevèrent à un officier, un sous-officier et 2 hommes tués ; 3 officiers, un sous-officier et 12 canonniers blessés. Deux canons de 12ᶜ, un canon de 15ᶜ et un mortier de 21ᶜ furent mis hors de service par des accidents survenus pendant le tir aux appareils de fermeture ; un canon de 15ᶜ, en acier, éclata dans la batterie 6, et brisa l'affût de la pièce voisine.

État de la ville après la capitulation. — L'intérieur de la ville de Mézières présentait l'aspect de la plus affreuse destruction. Le quartier qui entoure la cathédrale ne formait qu'un amas de ruines fumantes, d'où s'échappaient partout des flammes ; le quartier voisin de la citadelle avait moins souffert. Dans le faubourg du Pont-de-Pierre, la grande caserne, le magasin à fourrage et beaucoup de maisons étaient détruits. Dans la citadelle, il y avait quelques casernes en flammes, des maisons fortement endommagées ; les voûtes de deux magasins à poudre présentaient de fortes fissures, et il est probable qu'une courte prolongation du bombardement aurait amené une explosion. A Charleville, il n'y eut que quatre incendies qui dévorèrent cinq ou six maisons. Comme on devait s'y attendre, la fortification n'avait que très-peu souffert. Les pionniers, aidés des habitants, entreprirent les travaux de déblaiement, qui durèrent plusieurs semaines.

REMARQUES SUR LA CONSTRUCTION ET LE SERVICE DES BATTERIES.

(PL. II.)

En racontant sommairement les circonstances qui ont précédé et amené la chute de Mézières, et particulièrement la part que l'artillerie allemande a prise au siège de cette ville, nous n'avons donné, sur la construction des batteries, que les renseignements strictement nécessaires à l'intelligence de notre récit, ne voulant pas l'interrompre par une digression trop étendue sur les détails des travaux de terrassement. Les difficultés que les assiégeants eurent à vaincre furent extrêmes par suite des rigueurs de la saison, et il est intéressant de connaître au prix de combien d'efforts ils les surmontèrent. C'est dans ce but que nous allons compléter les renseignements précédents, par des détails sur la construction et le service de chaque batterie.

Comme nous l'avons dit, les batteries étaient enterrées ; seule, la batterie 14, placée dans un chemin creux, n'exigea pas de déblai. La principale difficulté des travaux de terrassement fut causée par le durcissement de la couche supérieure du sol, produit par la gelée. Suivant que les batteries étaient placées sur une hauteur dénudée ou dans une gorge boisée, et suivant l'époque de leur construction, le 23 ou le 28 décembre, l'épaisseur de la couche gelée varia entre $0^m,20$ et 0^m60. Comme les Allemands le constatèrent déjà au siège de Montmédy, c'est en pleine forêt que cette épaisseur était la plus faible ; ainsi, pendant la construc-

tion de la batterie 12, le 24 décembre, elle n'était que de
$0^m,15$. On consomma une quantité énorme d'outils. Les
outils prussiens furent ceux qui se comportèrent le moins
bien, tant au point de vue des parties en fer qu'à celui des
manches. Les meilleurs furent les outils français amenés
du parc de Montmédy et provenant de Metz, sans lesquels
on se serait trouvé dans un bien grand embarras.

La tombée de neige du 28 décembre, qui contribua à
dissimuler les batteries aux vues de la place, augmenta
d'autre part les difficultés des transports. Sur les plateaux
élevés, l'épaisseur de la couche de neige ne variait qu'entre $0^m,15$ et $0^m,30$; mais, dans les carrefours de routes et
dans les chemins creux, la neige s'accumulait jusqu'à des
hauteurs de 1 à 2 mètres. Sur les chemins placés au ni-
veau du sol, elle formait une croûte mince très-glissante.
Aussi, le tirage fut-il excessivement pénible, surtout dans
les premiers jours, les chevaux n'étant pas encore ferrés à
glace. On essaya d'entourer les jantes des roues avec de
la paille, tant pour éviter le bruit sur les chemins durcis
que pour ne pas tomber dans des ornières profondes, mais
la paille se tassait et formait avec la neige gelée un corps
solide qui s'encastrait à son tour plus fortement dans ces
ornières. On renonça donc à cette précaution, d'autant
plus que, le 29, on acquit la conviction que le vent du
nord, qui soufflait avec violence, empêchait la place d'en-
tendre les plus forts roulements.

Emplacement I pour batterie de campagne. — Il fut construit par la méthode accélérée, dans les journées des 26,
27 et 28 décembre, de quatre heures de l'après-midi à onze
heures du soir. Le sol étant gelé jusqu'à une profondeur
de $0^m,50$, le travail fut si difficile que, le premier jour, on
ne put faire qu'une tranchée de $0^m,50$ de largeur. On construisit en arrière et sur le côté de la batterie une baraque
pour abriter les servants de réserve. Le matériel fut amené
le 31 décembre, à quatre heures du matin, les avant-trains
furent placés derrière un épaulement haut de 6 mètres qui

se trouvait en arrière de la batterie. Trois caissons furent déchargés et leurs munitions déposées dans des caisses placées dans la batterie même.

Le tir fut réglé sur le bastion 43 (3 350 mètres) en amenant les pièces en rase campagne, car on ne pouvait le voir de la batterie, puis, après avoir tiré quelques coups contre ce bastion, le feu fut dirigé sur la ville, la première section tirant à 4 700, la deuxième à 4 600 et la troisième à 4 500 mètres. La batterie consomma 408 obus, et fut contre-battue sans succès par les pièces du bastion 43 et de la face gauche de la tête de pont de Champagne.

Batterie I. — Sa construction fut entreprise le 27 par une compagnie d'artillerie qui travailla depuis la tombée de la nuit jusqu'à trois heures du matin, et continua de même le 28 et le 29, mais avec un renfort de 50 pionniers. La batterie n'était qu'à demi enterrée, parce qu'on rencontra le roc ; le talus était revêtu en gabions et saucissons. A la droite de chaque pièce, se trouvait un abri recouvert avec des lambourdes et des madriers. Un magasin à poudre et un abri à projectiles, construits de la même façon, furent placés dans le talus du chemin de Saint-Laurent à Mézières ; un observatoire fut installé à l'extrémité droite de la batterie. Le sol était gelé jusqu'à une profondeur de $0^m,45$, puis venait le roc ; il fallut chercher de la terre à 40 mètres de distance, dans le talus du chemin déjà cité. On plaça une double rangée de gabions remplis de sacs à terre et on acheva l'épaulement avec du fumier amené à l'aide de voitures, des sacs à terre et de la terre. La communication avec les magasins fut aussi construite avec des gabions remplis de sacs à terre. La batterie fut armée le 30 au soir.

Elle tira d'abord contre la tête de pont de Champagne (3 400 à 3 600 mètres) qu'elle voyait parfaitement, puis elle concourut au bombardement de la ville. De temps en temps, elle eut à contre-battre les canons de la face gauche de la tête de pont, et bombarda aussi la citadelle. Elle tira en tout 306 obus dont 236 obus incendiaires. La place tira contre elle pendant les premières heures seulement qui suivirent l'ouverture du feu, mais sans résultat.

Batterie II. — Elle fut construite par la méthode accélérée, les 25, 26 et 27 décembre, par 84 hommes travaillant de cinq heures à onze heures du soir. Le sol était gelé jusqu'à 0^m,45, et en outre très-rocheux, de sorte qu'il fallut employer principalement des pics à roc et des pioches. Le froid était excessif et le vent violent. Le premier jour, l'épaisseur du parapet ne put être portée qu'à 1^m,60; le deuxième à 3 mètres; le troisième à 5 mètres. Sa hauteur au-dessus du sol naturel était égale à 1^m,10, la largeur du coffre à 5 mètres. A chaque aile, fut établi un grand abri recouvert avec des lambourdes et des bois équarris; on utilisa, comme magasin à poudre, un atelier de forge qui se trouvait dans la carrière située à l'ouest du village de Roméry, à peu près à 60 mètres en arrière de la batterie, après l'avoir recouvert d'une couche de 1 mètre de terre. La construction de cette batterie exigea 16 heures de travail. Un projectile, dirigé contre elle, tomba dans un ravin situé à 120 mètres en avant. L'armement fut exécuté le soir des 28 et 29 décembre.

La batterie tira d'abord contre le front sud de la tête de pont de Champagne (3 400 à 3 600 mètres), plus tard contre la ville. Le 1er janvier, le feu dura jusqu'à midi, parce que le brouillard et surtout la fumée qui enveloppait la ville rendirent impossible toute observation. La consommation des munitions s'éleva à 223 obus allongés. La place répondit principalement avec 2 canons rayés de 12 de la face gauche de la tête de pont de Champagne; quelques obus tombèrent dans le parapet de la batterie, dont trois gabions furent détruits, mais la plupart des projectiles éclatèrent entre les batteries 2 et 3. Le feu de la place cessa à partir de quatre heures, et ne recommença pas le 1er janvier. Une pièce fut mise hors de service après le 26e coup, parce qu'un obus éclata dans l'âme et brisa la cheville du coin antérieur; elle fut réparée et put reprendre le feu le lendemain matin.

Batterie III. — La construction se fit dans les journées du 24 au 27 décembre; la nature rocheuse du terrain empêcha d'acquérir un couvert contre la fusillade avant le deuxième jour, et l'on fut fréquemment inquiété par les avant-postes de la garnison. Le revêtement était en gabions. On disposa un grand abri à l'aile droite de la batterie et un observatoire à l'aile gauche; un local, bâti en pierres, qui se trouvait dans un ravin en arrière de la batterie, fut recouvert de terre et servit de magasin à poudre. 3 obus furent lancés, le 27, contre cette batterie, mais sans l'atteindre. L'armement se fit sans difficulté le 28, à cinq heures du soir.

La batterie ouvrit son feu d'abord contre le front sud de la tête de pont de Champagne (3 300 à 3 500 mètres); quand plusieurs incendies furent allumés dans la tête de pont, deux pièces tirèrent sur la ville, une autre sur la citadelle. Jusqu'au lendemain à dix heures du matin, il fut tiré 269 obus incendiaires. Deux pièces des remparts répondirent de bonne heure au feu dirigé contre la tête de pont, et un sous-officier fut blessé grièvement. Vers deux heures de l'après-midi, le feu de la place se ralentit, et il s'éteignit complétement à trois heures un quart.

Emplacement II pour batterie de campagne. (Fig. 1.) — L'épaulement avait près de 6 mètres d'épaisseur et était revêtu en gabions et saucissons; il y avait dans l'intervalle compris entre chacune des pièces un abri recouvert avec des rondins, des madriers et de la terre; une caisse à munitions était enfouie dans l'épaulement à chacune des ailes. La construction se fit dans les nuits des 24, 26, 29 et 30 décembre, l'armement, le 31 à cinq heures du matin. Le travail ne fut pas aperçu de la place.

Le feu fut dirigé sur la ville (3 200 à 3 400 mètres); dans le courant de la journée, deux pièces tirèrent contre la face gauche de la couronne de Champagne (2 800 mètres). La batterie consomma 273 obus et ne fut pas contre-battue.

Emplacement III pour batterie de campagne. — Il fut construit dans les nuits des 26, 27 et 30 décembre. Le matin du 31 on tira contre le faubourg du Pont-de-Pierre (3 000 mètres), la ville (3 200 à 3 400 mètres) et surtout contre la face gauche de la couronne de Champagne (2 800 à 2 900 mètres). Dans l'après-midi, la batterie bombarda la gare et l'usine à gaz de Mohon, ainsi que les maisons de la route situées au sud de ce village, dont la fusillade inquiétait constamment les avant-postes allemands et la batterie IV. Ces maisons furent évacuées au bout de peu de temps. La batterie consomma 360 obus et ne fut pas contre-battue.

Batterie IV. (Fig. 2.) — Construite dans les nuits du 26 au 29 décembre, par 10 sous-officiers et 75 hommes, la batterie était enterrée à 1 mètre au-dessous du sol, et revêtue en gabions surmontés d'un couronnement en fascines. L'épaulement avait $5^m,50$ d'épaisseur à la partie supérieure, et $2^m,40$ de hauteur au-dessus des plates-formes, les emplacements des pièces se trouvant à $0^m,30$ au-dessous du terre-plein. La batterie était partagée en deux demi-batteries par un blindage construit dans son milieu, auquel était adossé un abri à projectiles; il y avait en outre un blindage à chaque aile ; ces abris étaient recouverts avec des bois de charpente et de la terre, leur fond enfoncé de $1^m,30$ au-dessous du sol naturel. Une maison de chasse, placée sur une hauteur située à 750 mètres en arrière, servait d'observatoire. Enfin, en avant de la demi-batterie de droite, il restait encore debout les murs d'un bâtiment incendié qui la cachait aux vues de l'ouvrage du mont Berthaucourt. Les travaux furent très-pénibles parce que le sol était gelé jusqu'à une profondeur de $0^m,30$ et qu'en outre, il fallut couper un chemin construit en macadam et scories. Les bouches à feu furent amenées dans la nuit du 30 au 31. Construction et armement furent terminés, sans dérangement, après 38 heures de travail.

Les premiers coups de la batterie, dirigés contre la citadelle, furent trop longs et atteignirent la ville ; il fallut rectifier le tir. Après la vingt-cinquième salve, on ne fit plus feu qu'avec trois mortiers, la bague en acier du quatrième s'étant brisée. Deux autres mortiers subirent aussi des dégradations par leur propre tir, mais sans gravité. La batterie consomma 170 obus, elle ne reçut pas le feu des remparts, mais fut inquiétée par la fusillade des premières maisons de Mohon, et eut un canonnier grièvement blessé.

Batterie V. — Elle fut construite dans les nuits du 26 au 29, par 120 hommes, travaillant de six heures du soir à deux heures du matin. La hauteur du parapet était de $2^m,10$ au-dessus du terre-plein, qui était lui-même à $1^m,05$ au-dessous du sol naturel, le revêtement en gabions. La batterie n'avait ni fossé intérieur, ni fossés aux ailes ; elle contenait cinq abris, construits en gabions, fascines et troncs d'arbres ; trois entre les pièces et un à chaque aile. Le sol gelé sur une couche de $0^m,45$, ne put être travaillé qu'avec de fortes pioches, des cognées et des pics à roc ; 314 pioches furent brisées pendant le travail. La batterie fut armée le soir du 30 ; sans que son installation eût été dérangée par la place.

A l'ouverture du feu, le tir fut réglé contre la tête de pont de Champagne, puis on bombarda la ville (2 100 mètres). Dans la matinée du 31 décembre, la batterie combattit le bastion 43, dont elle reçut elle-même un feu violent mais trop allongé. Dans l'après-midi, on bombarda les maisons de Mohon et on tira avec des shrapnels sur une ligne de tirailleurs qui s'avançait de ces maisons. La consommation des munitions s'éleva à 282 obus ordinaires, 36 obus incendiaires et 15 shrapnels.

Batterie VI. — Cette batterie fut construite par la méthode accélérée, dans les nuits des 26, 27 et 28 décembre. Elle était revêtue en gabions. Dans chaque intervalle compris entre les pièces, il y avait un pare-éclat, construit en gabions et terre ; à chaque aile, un abri en gabions recouvert avec des troncs d'arbres, des fascines et de la terre. La demi-batterie de gauche était armée de 2 canons de 15ᶜ courts ; celle de droite, de 2 canons de 15ᶜ longs, chacune d'elles possédait un abri à projectiles spécial. Le magasin à poudre se trouvait à 25 mètres à droite et en arrière de la batterie. Le sol était gelé sur une couche de 0ᵐ,50 ; la construction eut lieu par un froid de 18° et un vent du nord excessif. Plus de 80 pioches furent brisées. Le travail dura, en tout, vingt-trois heures ; l'armement se fit dans la nuit du 29 au 30.

La batterie enfila d'abord le front E de la citadelle (2 500 à 2 700 mètres). Comme ce front ne répondait pas, et qu'au contraire, le bastion 42 de la tête de pont contre-battait la batterie avec 3 pièces, le feu fut dirigé contre la face gauche de ce front avec les 4 canons, puis avec 2 seulement, les 2 canons longs entreprenant le bombardement de la ville (2 600 mètres) avec des obus incendiaires. Mais la citadelle ne tarda pas à ouvrir un feu énergique avec 2 pièces contre la batterie, et les canons longs durent les contre-battre. Le bombardement fut repris un peu plus tard, cette fois par les 2 canons courts, lorsque le bastion 42 fut réduit au silence. A partir de trois heures de l'après-midi, il n'arriva plus de coups contre la batterie, qui consomma, jusqu'au lendemain matin onze heures, un total de 120 obus allongés, 131 obus ordinaires et 20 obus incendiaires. Le feu de la place, généralement trop long, ne causa aucun dommage. La ligne de tirailleurs, partie de Mohon, s'arrêta à peu près à 1 200 mètres des batteries 5, 6 et 7. La batterie n'éprouva point de perte.

Le 1ᵉʳ janvier, à trois heures du matin, le renfort d'un canon de 15ᶜ court en acier éclata au 65ᵉ coup, fendu en haut à la face postérieure, en bas à la face antérieure de la mortaise, et vint frapper l'anneau de brêlage qui fut arraché de l'entretoise de crosse qu'il brisa ; le boulon du coussinet de pointage fut déformé par le choc de la pièce.

La plaque d'acier se brisa et un gros fragment frappa le flasque droit de l'affût du canon de 15^c court voisin, avec tant de violence, que ce flasque fut fendu en plusieurs endroits dans le sens de la longueur, et qu'il fallut aussi cesser le feu de cette pièce. Un autre fragment de la plaque brisa un rais de la roue gauche de l'affût de la pièce placée à droite. L'anneau en cuivre était brisé, ainsi que la vis et la manivelle. Quant au reste, la culasse mobile était intacte , sauf quelques érosions sans importance produites sur la face antérieure du coin de devant; elle avait été nettoyée avec soin quelques coups auparavant. Il est probable que précisément ce nettoyage, dans lequel le fond mince de la plaque d'acier fut mis en contact avec de l'eau, par une température de 18° à 19°, et subitement refroidie, fut la cause de l'éclatement de la plaque, lequel amena l'éclatement de la pièce. La petite distance (jusqu'à l'entretoise de crosse) à laquelle fut lancé le renfort carré de la pièce, donne à penser que le projectile avait déjà quitté l'âme quand la rupture se produisit. Aucun servant ne fut atteint.

Batterie VII. — Elle fut construite dans les nuits du 26 au 29 décembre, par 120 hommes environ, travaillant de sept heures du soir à deux heures et demie du matin. Le terre-plein était à 1^m,05 au-dessous, la crête à 1^m,20 au-dessus du sol naturel, le talus intérieur revêtu en gabions. Il y avait, à côté de chaque pièce, un petit abri installé dans l'épaulement; à l'aile gauche un grand abri à projectiles recouvert avec des troncs d'arbres et des fascines, à côté et à gauche de cet abri se trouvait un magasin à poudre. La construction fut très-difficile à cause de la dureté du sol, gelé jusqu'à une profondeur de 0^m,45 ; sur les 60 pioches fournies pour le travail, 45 furent brisées dès le début, de sorte qu'il fallut employer des haches et des cognées. La batterie fut approvisionnée et armée dans les nuits du 29 et du 30.

Le 31 décembre, elle ouvrit son feu, d'abord contre la face gauche de la tête de pont (bastion 43), puis contre celle du bastion 42 (2 000 mètres) et contre la courtine 42-43 ; plus tard, enfin, contre le front Est de la citadelle (2 500 mètres à 2 800 mètres). Quand ces ouvrages se turent, on bombarda Mézières et Mohon. La consommation des munitions s'éleva à 357 obus ordinaires, 49 obus incendiaires et 2 shrapnels (contre la ligne de tirailleurs dont il a été question plus haut). La batterie reçut le feu du bastion 42 et de la citadelle, mais n'éprouva de pertes, ni en hommes, ni en matériel.

Batterie VIII. (Fig. 3.) — La construction fut commencée par 40 hommes le 24 décembre, à sept heures et demie du matin. La couche gelée du sol avait $0^m,20$ d'épaisseur. A neuf heures et demie, une pièce de la citadelle tira contre les travailleurs, un obus tomba à 150 mètres en avant, et les éclats arrivèrent au milieu d'eux. La construction fut suspendue provisoirement. Après la cessation du feu de la place, dont plusieurs projectiles atteignirent l'emplacement de travail, elle fut reprise à dix heures et demie par 10 hommes. Lorsqu'à onze heures, le feu des remparts recommença, les travailleurs avaient déjà acquis quelque couvert, et, à partir de onze heures et demie, on travailla de nouveau avec les 40 hommes. On reçut encore quelques obus dans l'après-midi. Le 25, on employa 4 sous-officiers et 65 canonniers, de six heures à onze heures du soir, le 26, 7 sous-officiers et 85 canonniers, de cinq heures et demie du soir à une heure du matin. Le sol était durci jusqu'à $0^m,30$ de profondeur, et le froid si intense que la terre se congelait sur la pelle ; il fallait travailler, la plupart du temps, avec des pics à roc. Le 27, 55 canonniers travaillèrent de cinq heures du soir à deux heures du matin, le sol était gelé sur une épaisseur de $0^m,45$ à $0^m,60$. La batterie fut achevée par 50 hommes le soir du 29, et armée par 80 hommes le soir du 30, sans plus être dérangée par la place.

Le terre-plein était à $1^m,15$, les plates-formes à $0^m,75$ au-dessous du sol naturel ; le talus revêtu en gabions. Les gabions voisins des créneaux furent cerclés à la partie supérieure avec de la tôle. On installa : quatre abris pour les servants entre les pièces, un grand abri à l'aile droite pour le commandant de la batterie ; un semblable à l'aile gauche pour les servants de réserve, ces deux derniers abris pourvus d'un poêle en fonte ; trois observatoires, un magasin à poudre à 20 mètres en arrière et à droite de la batterie, une cuisine dans la tranchée.

A l'ouverture du feu, les deux premières pièces tirèrent contre le front sud de la citadelle (2 700 mètres à 3 000 mètres), la troisième et la quatrième contre la face gauche de la tête de pont (2 300 mètres à 2 500 mètres), la gorge de la citadelle, l'hôtel de la Préfecture et l'hôtel de ville ; la cinquième et la sixième contre la caserne située derrière le bastion 42. La batterie eut à contre-battre les cavaliers 12 et 13 de la citadelle ; puis, deux pièces du bastion 43 qui tiraient contre la batterie 5 et dont les obus allant trop loin, atteignirent à plusieurs reprises les cantonnements de La Francheville, et enfin, une pièce, qui paraissait être placée sur la courtine 42-43 (probablement celle du saillant du ravelin 45, car il n'y avait point de pièce sur la courtine). A partir de deux heures et demie, il n'arriva plus de coups contre la batterie qui, vers quatre heures, eut à tirer à shrapnels contre la ligne de tirailleurs de Mohon. Pendant la nuit, deux pièces bombardèrent l'intérieur de la citadelle, deux autres l'hôtel de ville et l'hôtel de la Préfecture, les deux dernières le faubourg du Pont-de-Pierre. On reprit le tir de jour le 1ᵉʳ janvier, à neuf heures du matin, et par ordre supérieur, 6 coups furent tirés contre Charleville (4 400 mètres). La batterie avait lancé 280 obus ordinaires, 45 obus incendiaires et 12 shrapnels. Elle n'éprouva point de pertes, la plupart des coups venant de la place étant trop longs ou trop courts.

Batterie IX. — Les travaux furent commencés le 24 décembre, à sept heures et demie du matin, par 150 hommes environ. Le sol était gelé sur une épaisseur de 0ᵐ,15 à

$0^m,20$; le temps était très-beau et très-clair. Aussi les gabions étaient-ils à peine placés qu'un premier obus arriva, suivi bientôt d'un second, qui blessa un homme. Le feu de la place continuant avec rapidité, la moitié des hommes fut retirée, opération dans laquelle trois canonniers furent grièvement blessés, un quatrième légèrement atteint par des éclats. Vers onze heures, le colonel Meissner, commandant de l'artillerie de siège, accompagné de son officier d'ordonnance, arriva sur le lieu du travail. Bientôt après, un obus de 24 atteignit la batterie : l'officier d'ordonnance fut mortellement blessé (il succomba le 26 décembre), le capitaine de la batterie, un lieutenant et un canonnier furent légèrement blessés. Ordre fut alors donné de cesser la construction, et de ne la reprendre que pendant la nuit. Le feu de la place dura pendant deux heures et demie. La batterie fut faite dans les nuits suivantes et armée le soir du 30.

Le terre-plein était à 1 mètre, les plates-formes à $0^m,50$ au-dessous du sol naturel. Le parapet, revêtu en gabions, avait une hauteur de $2^m,75$. Il y avait aux ailes de la batterie deux blindages recouverts en gabions et troncs d'arbres pour les servants, deux abris à projectiles et deux observatoires. Le magasin à poudre se trouvait à 20 mètres à gauche et en arrière de la batterie.

Le feu fut ouvert contre la ville de Mézières (2 700 mètres) dont un secteur particulier fut assigné à chaque pièce. Dans l'après-midi, 4 shrapnels furent tirés contre les tirailleurs de Mohon. Pendant la nuit, on pointa sur les foyers d'incendie, et le matin du 1er janvier, on bombarda Charleville avec des obus incendiaires. La consommation totale des munitions s'éleva à 213 obus ordinaires, 56 obus incendiaires et 4 shrapnels. La batterie ne reçut que le feu de la citadelle, le 31 décembre, vers dix heures du matin et dans l'après-midi. Elle n'éprouva point de pertes.

Batterie X. — Le sol n'étant gelé qu'à une profondeur de $0^m,15$ et formé de terre, le parapet commencé le 24 décembre, à huit heures et demie du matin, par 8 sous-officiers et 130 hommes, fut assez avancé à dix heures et demie pour qu'on pût continuer le travail, malgré le feu que la tour 52 et le bastion 59 ouvrirent à ce moment contre les travailleurs ; mais il fallut renoncer à prendre la terre dans un fossé extérieur. A cinq heures de l'après-midi la batterie était terminée dans ses parties essentielles, sans pertes, quoique la place eût lancé une trentaine d'obus, dont deux arrivèrent dans l'épaulement. On fit les abris le 25, les plates-formes le 26. Le terre-plein était à 1 mètre au-dessous du sol naturel ; le parapet avait une épaisseur de 6 mètres à 6^m,50 ; le coffre, une largeur de 7 mètres. On installa à l'aile gauche un grand abri, avec poêle en fonte, construit en gabions et recouvert de terre ; trois abris, formant traverses, étaient destinés aux servants des pièces, un simple gradin constituait l'observatoire à l'aile gauche, où l'on plaça un magasin à poudre recouvert avec des rails. L'armement eut lieu le soir du 29.

La batterie tira d'abord contre la tour 52 et le bastion 59 (2 300 mètres), dont elle s'attendait à recevoir le feu, puis, ces ouvrages gardant le silence, elle tira contre la ville. Plus tard, elle seconda d'autres batteries dans le bombardement des ouvrages de Saint-Julien, notamment lorsqu'à neuf heures et demie, on crut remarquer qu'ils combattaient la batterie 13. Dans l'après-midi, elle reçut une vingtaine d'obus de la couronne de Champagne. Le 1er janvier, peu avant la cessation du feu, on tira sur Charleville (4 000 mètres). Les munitions consommées s'élevèrent à 264 obus ordinaires, 49 obus incendiaires et enfin 2 shrapnels tirés sur un bâtiment en flammes, situé à l'Est de la cathédrale. Le feu de la place ne causa pas de pertes à la batterie, parce que la plupart des obus éclatèrent en l'air.

Batterie XI. — La batterie fut construite suivant la méthode accélérée, dans les nuits du 24 au 27 décembre, par 120 travailleurs, auxquels on ajouta un renfort de 70 hommes, pendant les deux dernières nuits. Le 29, de cinq hèures du soir à minuit, on fit une communication profonde de 1 mètre, large de $0^m,60$ et longue de 60 mètres, allant à un observatoire construit en gabions et sacs à terre à droite et en avant de la batterie. Le sol était alors gelé sur une couche de $0^m,45$. Le terre-plein était situé à $1^m,05$, les plates-formes à $0^m,60$ au-dessous du sol naturel ; l'épaulement avait une épaisseur égale à $7^m,50$, et était revêtu en gabions. Sept blindages recouverts avec des troncs d'arbres, furent installés aux ailes et dans les intervalles des pièces ; un abri à projectiles, recouvert avec des fascines et de la terre, se trouvait à chaque extrémité. Le magasin à poudre fut placé à 15 mètres en arrière et à gauche de la batterie, dans la communication conduisant à la batterie 12. Ces travaux ne furent pas inquiétés par la place. L'armement eut lieu le soir du 30. Lorsque la tête du convoi de munitions arriva à 450 mètres de la batterie, il vint du bastion 42 plusieurs obus, qui obligèrent de l'abriter pendant une heure derrière un bois. La batterie était elle-même cachée par un petit bois ; les pionniers dégagèrent son champ de tir pendant la nuit.

La batterie régla d'abord son tir contre la courtine 41-42, puis, la place ne lui répondant pas, elle tira contre le faubourg du Pont-de-Pierre et contre l'intérieur de Mézières (2 300 mètres à 2 400 mètres). Elle consomma 302 obus ordinaires et 102 obus incendiaires. Elle ne fut pas contre-battue parce que les défenseurs se trompèrent complétement sur sa position, qu'ils crurent dans la forêt située au Sud. Les obus lancés par le bastion 41 et par la citadelle allèrent bien au delà de la batterie ; quelques coups tirés de l'ouvrage du mont Berthaucourt furent au contraire trop courts.

Batterie XII. (Fig. 4.) — La batterie se trouvait dans un bois. Le 24 décembre, les pionniers préparèrent son emplacement en coupant les arbres et déracinant les souches. Complétement cachée, la batterie fut construite pendant le jour, par 100 hommes le 25, et par 170 hommes les 26 et

27. Le terre-plein était incliné de la droite vers la gauche, chaque plate-forme étant à $0^m,30$ au-dessous de la précédente. Le talus était revêtu en gabions. Sept blindages aux ailes et dans les intervalles des pièces, construits en gabions et recouverts avec de fortes pièces de bois, des fascines et de la terre, étaient destinés aux servants. Il y avait un abri à projectiles à 10 mètres et un magasin à poudre à 20 mètres de l'extrémité gauche de la batterie. Un deuxième abri à projectiles, mais plus petit que le précédent, était à l'autre extrémité. L'observatoire, en fascines et gabions, se trouvait à 130 mètres en avant de la batterie, à laquelle il était relié par une communication couverte. Cette dernière fut construite par les pionniers, ainsi qu'une autre conduisant à la batterie 11 et une tranchée à tirailleurs placée à la gauche de la batterie. L'artillerie de la place ne combattit pas les travaux, mais on fut inquiété presque continuellement par la fusillade des avant-postes, placés sur le versant nord des hauteurs. L'armement se fit le 30 décembre ; le champ de tir fut dégagé pendant la nuit.

Le tir fut réglé contre la face droite du bastion 42 (1 800 mètres), puis contre la tour 52 et le bastion 59 (2 100 mètres), après quoi on passa au bombardement du faubourg du Pont-de-Pierre et plus tard à celui de Mézières (2 200 mètres). A de nombreuses reprises, la batterie eut à contre-battre les ouvrages 52 et 59, dont le feu inquiétait la batterie 13. Le 1ᵉʳ janvier, on tira aussi contre Charleville (3 600 mètres). La batterie consomma 264 obus ordinaires, 60 obus incendiaires, et enfin, 6 shrapnels employés contre des travailleurs qu'on remarqua sur la tour 52. Elle ne fut pas contre-battue, parce que les défenseurs restèrent dans l'incertitude sur sa position ; il est probable que la plus grande partie des projectiles qui tombèrent à la Folie-Macé, et même dans le voisinage immédiat d'Evigny, lui étaient destinés.

Batterie XIII. — La construction fut commencée le 29 décembre, à six heures du soir, par 120 hommes. Le sol, glaiseux, était gelé jusqu'à 0^m,60 de profondeur. Les hommes travaillèrent jusqu'à six heures du matin, après quoi, il fallut les renvoyer, parce qu'ils avaient les mains couvertes de crevasses et d'ampoules causées par le froid (— 18°) et le travail à la pioche dans le sol durci. Le lendemain, 50 canonniers travaillèrent de onze heures du matin à cinq heures du soir et furent remplacés par 60 artilleurs, 65 pionniers, et 85 auxiliaires d'infanterie, qui terminèrent la batterie à deux heures du matin; 60 hommes furent employés en même temps à l'armement. Les travaux étaient cachés à la place par une parcelle de forêt.

Le terre-plein était situé à 1^m,05 au-dessous du sol naturel et à 1^m,75 au-dessous de la crête du parapet, dont l'épaisseur était égale à 6 mètres et le talus revêtu en gabions. On construisit des plates-formes volantes. Il y avait, à chaque extrémité de la batterie, un abri à projectiles logé dans l'épaulement, et un grand abri recouvert avec des madriers pour les servants. Le magasin à poudre était placé à gauche et en arrière de la batterie, l'observatoire à 500 mètres en arrière, sur le plateau de la Hobette. C'est là que se tint l'état-major de l'artillerie de siège pendant le bombardement.

La batterie donna le signal de l'ouverture du feu le 31 décembre, vers huit heures du matin. Deux pièces tirèrent contre la tour 52 (3 600 mètres) et le bastion 59 (3 500 mètres), tandis que les quatre autres bombardèrent la ville (3 800 mètres) avec des obus ordinaires et incendiaires. La quantité des munitions consommées s'éleva à 466 obus ordinaires et 120 obus incendiaires. La batterie fut contre-battue par la place dès le début jusque dans l'après-midi; elle reçut une quarantaine d'obus sans être atteinte et ne subit pas de pertes. En revanche, deux canonniers furent brûlés à la figure par le crachement d'une pièce, dont la culasse mobile fut mise hors de service par la rupture de l'anneau de cuivre et de la plaque d'acier.

Dans une autre pièce, la cheville du coin antérieur fut brisée. Ces deux pièces durent cesser le feu.

Batterie XIV. (Fig. 5.) — Le travail consista simplement dans la construction de six plates-formes derrière le remblai de la route de Faguon à Warcq, dont la hauteur était d'environ 2ᵐ,50. La demi-batterie de droite était séparée de la demi-batterie de gauche par un intervalle de 15 mètres correspondant à la partie la plus élevée du remblai. Ce dernier était gelé, dur comme du roc, et servit de parapet sans qu'il fût nécessaire de le revêtir. Au milieu de la batterie, on installa un magasin à poudre, à droite et à gauche duquel se trouvait l'abri à projectiles de la demi-batterie correspondante ; à l'aile gauche de la batterie, il y avait une traverse formant retour et un observatoire. On ne créa point d'abris pour les servants. En avant de l'emplacement, on confectionna un masque épais avec des broussailles qui se confondait si bien avec la forêt, située à 400 mètres en arrière, que de la place on ne pouvait absolument pas découvrir la batterie. Aussi, la construction put-elle se faire pendant le jour. L'armement eut lieu dans la nuit du 30 au 31.

La batterie régla son tir contre la tête de pont de Champagne, qu'elle voyait le mieux, puis elle passa au tir d'enfilade contre le front sud du corps de place et de la citadelle (3 100 à 3 900 mètres). Quand on remarqua le feu des ouvrages de Saint-Julien contre la batterie 13, on les réduisit au silence, puis on bombarda la ville. On continua ainsi pendant la nuit, et on lança quelques obus incendiaires sur Charleville (3 500 à 4 500 mètres) avec la pièce de gauche, la seule qu'on pût diriger sur ce but, et encore fallut-il la placer presque en travers de la plate-forme. La batterie consomma 315 obus ordinaires et 120 obus incendiaires, ne fut pas contre-battue par la place et n'éprouva point de pertes.

Emplacement IV pour batterie de campagne. — Il fut fait dans les nuits des 28, 29 et 30 décembre, par 45 artilleurs,

38 pionniers et 30 auxiliaires d'infanterie. Les pièces furent amenées le matin du 31. Les deux premières sections bombardèrent Charleville (3 500 à 4 000 mètres), la troisième section tira le 31 décembre contre le faubourg d'Arches (4 200 mètres), et le 1ᵉʳ janvier contre le faubourg Saint-Julien (4 000 mètres). La batterie tira en tout 282 obus, reçut le feu d'une pièce de la tour 63, dont le tir n'était pas réglé, et n'éprouva point de pertes.

Emplacement V pour batterie de campagne. — Il fut construit et armé dans les mêmes conditions que le précédent. Le sol était gelé jusqu'à $0^m,60$ de profondeur. Le tir fut dirigé contre la caserne de Charleville (3 600 mètres), et y alluma un incendie, puis contre Mézières (4 000 mètres). La consommation des munitions s'éleva à 336 obus. La batterie fut contre-battue par la tour 63 et le bastion 60, dont la plupart des coups étaient de 250 mètres trop courts, et ne subit pas de pertes.

Conclusion. — En 1870, la place de Mézières, mal construite et mal armée au point de vue de l'artillerie, et pourvue d'une garnison formée en grande partie d'éléments peu instruits, ne pouvait remplir d'autre rôle que de barrer le chemin de fer des Ardennes. Il faut convenir qu'elle a bien rempli ce rôle depuis la bataille de Sedan jusqu'au 2 janvier 1871, c'est-à-dire pendant 4 mois. En outre, elle servit de refuge à des troupes qui, échappant au désastre de Sedan, purent s'y réorganiser et former de nouveaux corps actifs.

La faiblesse de la défense, au point de vue de l'artillerie, n'est que trop facile à expliquer. Aux 98 bouches à feu rayées de l'attaque, la défense avait à opposer les 115 pièces qui armaient les ouvrages ; mais, de ce nombre, il faut défalquer 4 canons rayés de 4 de campagne et 80 pièces lisses parfaitement incapables d'atteindre à la distance à laquelle furent établies les batteries de bombardement. Restaient donc 8 canons rayés de 24 et 23 canons rayés de 12 pour combattre 19 batteries de siège, armées de bouches à feu dont la supériorité était incontestable. Ces 31 canons rayés étaient disséminés sur tout le pourtour de la place et se prêtaient difficilement à des efforts communs ; ils avaient à atteindre des buts très-bien dissimulés par la neige et par les accidents naturels du terrain, et, en même temps, situés pour la plupart à la limite extrême de leur portée. L'artillerie des remparts devait donc être écrasée en peu de temps par le feu des batteries de siège ; c'était la conséquence fatale de l'inégalité du combat.

H. ROSWAG,
Capitaine d'artillerie.

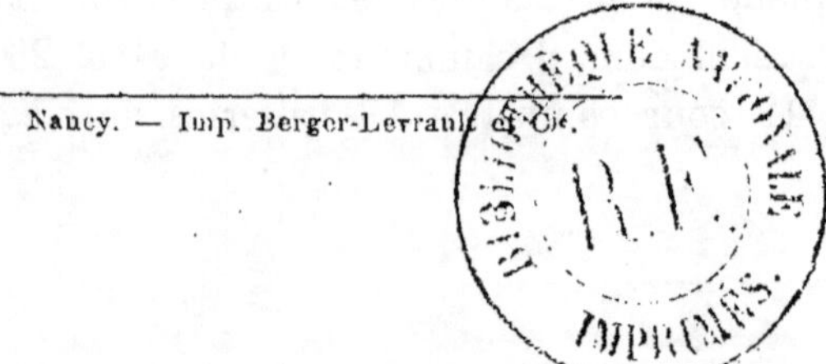

Nancy. — Imp. Berger-Levrault et Cie.

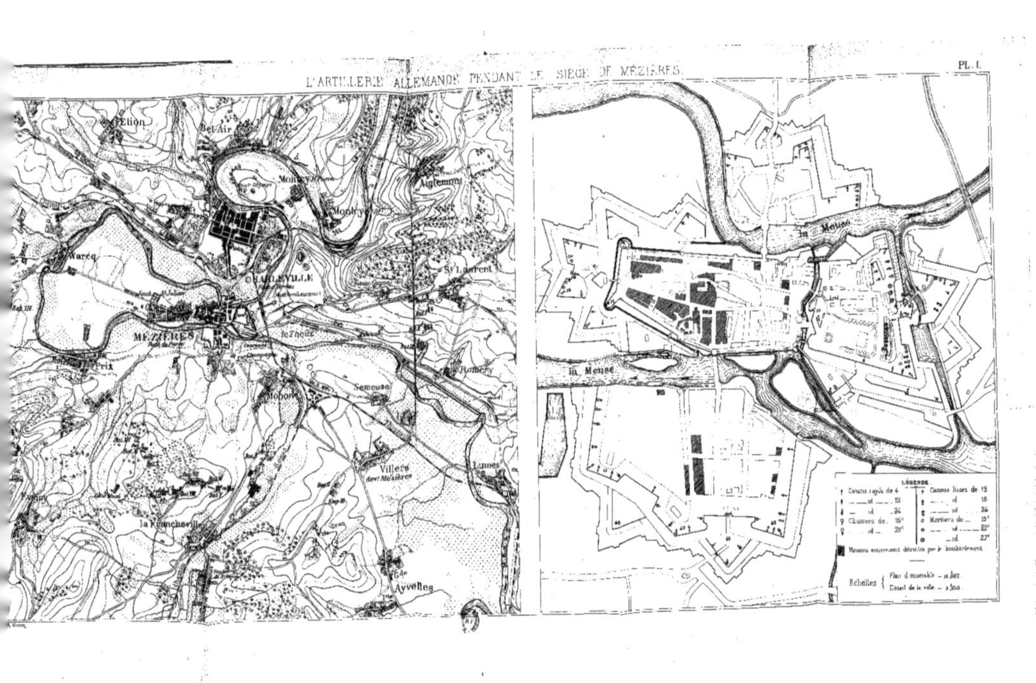
L'ARTILLERIE ALLEMANDE PENDANT LE SIÈGE DE MÉZIÈRES.
Félion
Bel-Air
Montcy-Notre
Aiglemont
Montcy
Waréq
St Laurent
CHARLEVILLE
MÉZIÈRES
le Theux
Prix
Romery
Mohon
Semeuse
Villers
devt Mézières
Lunes
la Francheville
Gde Ayvelles
la Meuse
la Meuse
LÉGENDE
Échelles

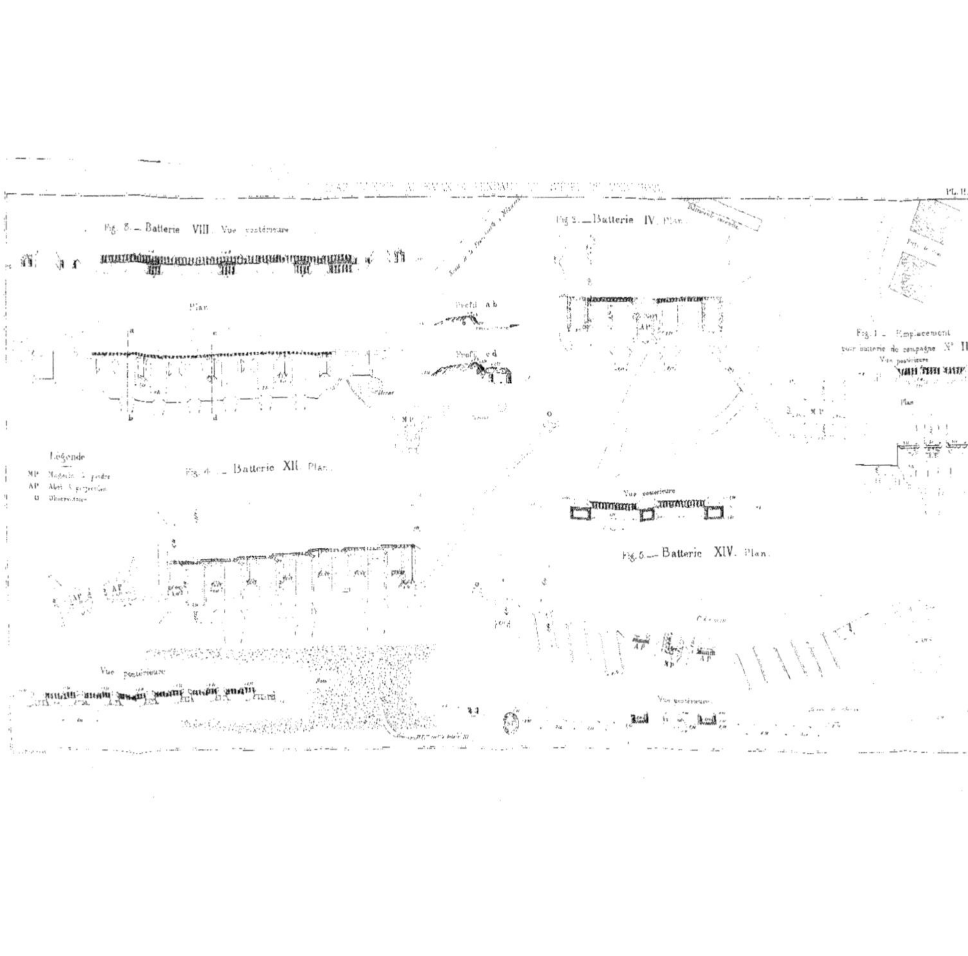

PL. II.
Fig. 3. — Batterie VIII. Vue extérieure
Plan
Profil a b
Profil c d
Légende
MP Magasin à poudre
AP Abri à projection
O   Observatoire
Fig. 4. — Batterie XII. Plan.
Vue postérieure
Fig. 2. — Batterie IV. Plan.
Fig. 1. — Emplacement pour batterie de campagne N° II.
Vue postérieure
Plan
Vue postérieure
Fig. 5. — Batterie XIV. Plan.
Chemin